Stockholm at Dusk: Bilingual Stories in Swedish and English

Pomme Bilingual

Published by Pomme Bilingual, 2024.

While every precaution has been taken in the preparation of this book, the publisher assumes no responsibility for errors or omissions, or for damages resulting from the use of the information contained herein.

STOCKHOLM AT DUSK: BILINGUAL STORIES IN SWEDISH AND ENGLISH

First edition. December 5, 2024.

ISBN: 979-8230486473

Written by Pomme Bilingual.

Table of Contents

Blå Tisdagar

Sigrid, en medelålders konstlärare i Göteborg, hade ett lugnt och inrutat liv. Varje tisdag klockan tre träffades hon och hennes gamla vänner på ett litet kafé vid Linnégatan för fika. De hade träffats där i över femton år, varje vecka. Bordet vid fönstret var alltid deras, och de beställde alltid samma saker – kaffe och kanelbullar, ibland en mazarin till speciella tillfällen. De kallade dessa stunder för "Blå Tisdagar", inte för att någon egentligen var ledsen, utan för att det var en stund av vila och trygghet i en ibland rörig värld.

Gruppen bestod av fem personer: Sigrid, Annika, Birgitta, Gunilla och Margareta. De hade varit vänner sedan ungdomsåren och hade delat både glädje och sorg genom åren. Deras samtal var ofta fyllda av skämt, minnen och ibland lite skvaller om gamla bekanta.

Men en blå tisdag förändrades allt. Sigrid kom till kaféet och såg en ny person vid deras bord – en ung kvinna med kortklippt hår och en färgstark kavaj. Sigrid kände sig först obekväm, men när hon satte sig och såg att de andra verkade glada att träffa den nya kvinnan, försökte hon le.

Den unga kvinnan presenterade sig som Astrid. Hon var en entreprenör som nyligen startat ett företag för hållbart mode och delade entusiastiskt sina idéer om att förändra klädindustrin. Astrid hade en energi och glöd som nästan gjorde Sigrid lite överväldigad. De andra verkade genast fascinerade av Astrids historier om hennes resa, om misslyckanden och framgångar, och om hennes vision för framtiden.

Sigrid satt tyst större delen av tiden, lyssnade och funderade. Hon kunde inte låta bli att känna sig något obekväm. De blå tisdagarna hade alltid varit en trygg plats där hon kunde känna sig hemma, men nu kändes det som om någon hade rört om i hennes välbekanta värld.

Veckorna gick, och Astrid fortsatte att dyka upp varje tisdag. Hon utmanade gruppens rutiner och ställde frågor som Sigrid aldrig tidigare tänkt på. Vad betydde egentligen deras traditioner? Varför höll de fast vid samma mönster år efter år? Astrid undrade om de inte var nyfikna på att prova något nytt, kanske utforska nya kaféer eller prova nya bakverk.

Till en början motstod Sigrid alla förändringsförslag, men efter ett tag började hon märka en förändring inom sig. Astrids entusiasm smittade av sig, och hon fann sig själv tänka på de samtal de haft under veckan. Hon insåg att hennes blå tisdagar inte behövde förlora sin trygghet bara för att något nytt och oväntat kommit in i deras värld. Tvärtom, Astrid hade bringat liv till något som riskerade att fastna i gamla mönster.

En tisdag bestämde Sigrid sig för att överraska gruppen. När Astrid kom in genom dörren hade Sigrid redan beställt olika bakverk – något nytt och spännande som ingen av dem hade smakat tidigare. Gruppen skrattade förvånat när de såg tårtor, småkakor och bakelser av alla möjliga färger och smaker på bordet.

Astrid log mot Sigrid och sa, "Jag visste att du hade det i dig." Sigrid rodnade lite, men hon kände en värme i hjärtat. För första gången på länge såg hon fram emot framtiden, inte för att hålla fast vid det gamla, utan för att se vad nya blå tisdagar kunde bära med sig.

Den dagen lärde sig Sigrid något viktigt: att traditioner kan förändras och utvecklas utan att förlora sin kärna. Med sina gamla vänner och deras nya vän Astrid, hade Sigrid funnit en ny typ av trygghet – en där det oväntade och nya kunde bli en del av deras liv.

Och så fortsatte blå tisdagarna, men nu med en liten färgklick.

Blue Tuesdays

———

Sigrid, a middle-aged art teacher in Gothenburg, lived a quiet and predictable life. Every Tuesday at three o'clock, she and her old friends gathered at a small café on Linnégatan for fika. They had been meeting there for over fifteen years, week after week. The window table was always theirs, and they always ordered the same things—coffee and cinnamon buns, occasionally adding a mazarin for special occasions. They called these moments "Blue Tuesdays," not because anyone was sad, but because it was a time of rest and comfort in an often chaotic world.

The group consisted of five people: Sigrid, Annika, Birgitta, Gunilla, and Margareta. They had been friends since their youth and had shared both joy and sorrow over the years. Their conversations were often filled with jokes, memories, and sometimes a bit of gossip about old acquaintances.

But one Blue Tuesday, everything changed. Sigrid arrived at the café and saw a new person at their table—a young woman with short hair and a brightly colored blazer. Sigrid felt uneasy at first, but when she sat down and noticed the others seemed happy to meet the newcomer, she tried to smile.

The young woman introduced herself as Astrid. She was an entrepreneur who had recently started a sustainable fashion company and enthusiastically shared her ideas about transforming the clothing industry. Astrid had an energy and passion that Sigrid found almost overwhelming. The others were instantly fascinated by Astrid's stories about her journey, her failures and successes, and her vision for the future.

Sigrid sat quietly most of the time, listening and reflecting. She couldn't help feeling slightly uncomfortable. Blue Tuesdays had always been a safe place where she felt at home, but now it felt like someone had stirred up her familiar world.

Weeks passed, and Astrid continued to join them every Tuesday. She challenged the group's routines and asked questions Sigrid had never considered before. What did their traditions really mean? Why did they stick to the same patterns year after year? Astrid wondered if they weren't curious about trying something new—exploring different cafés or sampling new pastries.

At first, Sigrid resisted all suggestions for change, but over time, she began to notice a shift within herself. Astrid's enthusiasm was contagious, and Sigrid found herself thinking about their conversations during the week. She realized that Blue Tuesdays didn't have to lose their sense of comfort just because something new and unexpected had entered their world. On the contrary, Astrid had breathed life into something that risked becoming stagnant.

One Tuesday, Sigrid decided to surprise the group. When Astrid walked through the door, Sigrid had already ordered an assortment of pastries—something new and exciting that none of them had tried before. The group laughed in surprise when they saw cakes, cookies, and confections of every imaginable color and flavor spread across the table.

Astrid smiled at Sigrid and said, "I knew you had it in you." Sigrid blushed a little but felt a warmth in her heart. For the first time in a long while, she looked forward to the future—not to hold on to the old but to see what new Blue Tuesdays could bring.

That day, Sigrid learned an important lesson: traditions can evolve and grow without losing their essence. With her old friends and their new friend Astrid, Sigrid found a new kind of security—one where the unexpected and the new could become part of their lives.

And so the Blue Tuesdays continued, now with a splash of color.

Vägen Hem

Efter tjugo år i Stockholm återvände Johan Svensson till den lilla byn i norra Sverige där han vuxit upp. Vägarna var smala, omgivna av skogar och stillsamma sjöar, precis som han mindes dem. Men när han närmade sig familjegården, kände han en tyngd i bröstet. Det var inte bara det fysiska avståndet som hade hållit honom borta – det var minnena och smärtan som låg dolda bakom varje träd, varje hus och varje bekant ansikte.

Johan hade lämnat byn abrupt efter ett stort gräl med sin bror, Anders. Deras far hade precis gått bort, och mitt i sorgen hade gamla konflikter och sår rivits upp. Anders hade alltid varit den plikttrogne sonen som stannade kvar och hjälpte till på gården, medan Johan hade haft andra drömmar – att leva i storstaden, bortom byns gränser. När deras far hade gått bort hade Anders anklagat Johan för att svika familjen. Orden som då sades hade bränt sig fast, och Johan hade rest därifrån, fast besluten att aldrig återvända.

Men nu, två decennier senare, hade något inom honom förändrats. Kanske var det åldern, eller kanske längtan efter att avsluta ett kapitel som aldrig riktigt hade fått ett slut. Han hade hört att Anders fortfarande bodde kvar på gården, ensam och ogift, och nu stod Johan där, på gårdsplanen, osäker på vad han skulle säga.

Anders kom ut ur huset när han hörde Johans bil. Först såg han nästan förvånad ut, men sedan lade sig ett mörkt moln över hans ansikte. Det var en tystnad mellan dem som kändes tjockare än luften. Johan försökte hitta orden men fann sig kämpande med gamla känslor som han trodde han hade lämnat bakom sig.

"Så, du är tillbaka," sa Anders slutligen, hans röst sträv.

"Ja," svarade Johan, med blicken sänkt. "Jag ville... jag ville bara se platsen igen."

De gick in i huset, där allt såg ut precis som Johan mindes det. De satt vid köksbordet, där de en gång som barn hade delat måltider och skratt. Men nu var tystnaden mellan dem nästan outhärdlig.

Efter en stund bröt Anders tystnaden. "Varför kom du tillbaka nu, efter alla dessa år?"

Johan suckade djupt och såg ner på sina händer. "Jag vet inte. Jag antar att jag är trött på att bära med mig allt det här... hatet, sorgen. Jag vill förstå vad som gick fel mellan oss, och kanske... kanske försöka förlåta."

Anders höll tyst, men Johan kunde se att hans bror kämpade med sina egna känslor. "Det var inte bara du som lämnade," sa Anders till slut. "När du stack, kändes det som om en del av mig också försvann. Jag var arg – jag kände att du hade lämnat mig med allt ansvar."

Sakta började de prata om vad som hade hänt. De berättade historier från sin barndom, om sin far och de förväntningar som hade lagts på dem båda. De mindes hur de brukade leka på åkrarna, skrattande och fria, innan allt blev så komplicerat. Ju mer de talade, desto mer började den gamla bitterheten smälta bort, ersatt av något mjukare, något som kändes som en början på förståelse.

Dagen gick mot kväll, och Johan såg ut över gården medan solen sakta sjönk bakom skogsranden. "Jag har förändrats, Anders. Stockholm gav mig ett annat liv, men det var aldrig riktigt hemma," erkände han.

Anders nickade långsamt. "Vi kan inte gå tillbaka och ändra något, men kanske kan vi försöka gå framåt."

Johan såg på sin bror och för första gången på länge kände han något som liknade hopp. Han reste sig upp, sträckte fram sin hand, och Anders tog den, tveksamt men fast. Det var en enkel gest, men den var laddad med allt de båda gått igenom.

När Johan körde tillbaka den natten, kände han att han lämnat något bakom sig, något tungt som han burit i åratal. Vägen hem kändes plötsligt annorlunda, lättare, som om den ledde någon annanstans. Det var fortfarande hans barndomsby, men nu fanns där en chans att börja om, att läka gamla sår och skapa något nytt.

Vägen hem, insåg han, hade inte bara varit en fysisk resa. Det hade varit en resa tillbaka till något han trott han förlorat – sin familj, sitt förflutna, och kanske till och med sig själv.

The Way Home

A fter twenty years in Stockholm, Johan Svensson returned to the small village in northern Sweden where he had grown up. The roads were narrow, surrounded by forests and tranquil lakes, just as he remembered. But as he approached the family farm, a heaviness settled in his chest. It wasn't just the physical distance that had kept him away—it was the memories and pain hidden behind every tree, every house, and every familiar face.

Johan had left the village abruptly after a major argument with his brother, Anders. Their father had just passed away, and amidst the grief, old conflicts and wounds had resurfaced. Anders had always been the dutiful son who stayed behind to help on the farm, while Johan had dreamed of a different life—one in the city, far from the confines of the village. When their father died, Anders accused Johan of betraying the family. The words exchanged burned deep, and Johan left, determined never to return.

But now, two decades later, something inside him had shifted. Perhaps it was age, or perhaps a longing to close a chapter that had never truly ended. He had heard that Anders still lived on the farm, alone and unmarried, and now Johan found himself standing in the yard, unsure of what to say.

Anders came out of the house when he heard Johan's car. At first, he looked almost surprised, but then a shadow crossed his face. The silence between them felt heavier than the air. Johan searched for the words but struggled against the old emotions he thought he had left behind.

"So, you're back," Anders said finally, his voice rough.

"Yes," Johan replied, his gaze lowered. "I just... I just wanted to see the place again."

They went inside the house, which looked exactly as Johan remembered. They sat at the kitchen table where, as children, they had shared meals and laughter. But now, the silence between them was almost unbearable.

After a while, Anders broke the silence. "Why now, after all these years?"

Johan sighed deeply and looked down at his hands. "I don't know. I guess I'm tired of carrying all this... anger, this sadness. I want to understand what went wrong between us, and maybe... maybe try to forgive."

Anders said nothing, but Johan could see his brother wrestling with his own emotions. "It wasn't just you who left," Anders said at last. "When you walked away, it felt like a part of me disappeared too. I was angry—I felt like you left me with all the responsibility."

Slowly, they began to talk about what had happened. They shared stories from their childhood, about their father, and the expectations placed on both of them. They remembered playing in the fields, laughing and carefree, before everything had become so complicated. The more they talked, the more the old bitterness began to melt away, replaced by something softer—something that felt like the beginning of understanding.

As the day turned to evening, Johan looked out over the farm while the sun dipped behind the edge of the forest. "I've changed, Anders. Stockholm gave me a different life, but it was never really home," he admitted.

Anders nodded slowly. "We can't go back and change anything, but maybe we can try to move forward."

Johan looked at his brother and, for the first time in years, felt something like hope. He stood up, extended his hand, and Anders took it—hesitant, but firm. It was a simple gesture, but it carried the weight of everything they had been through.

As Johan drove away that night, he felt like he had left something behind—something heavy he had carried for years. The road home suddenly felt different, lighter, as though it was leading somewhere new. It was still the village of his childhood, but now there was a chance to start over, to heal old wounds, and to build something new.

The way home, he realized, had not just been a physical journey. It had been a journey back to something he thought he had lost—his family, his past, and perhaps even himself.

Vid Fyren

———

Liv anlände till fyren på Gotland en tidig junidag, då vinden låg stilla och havet glittrade under en blekblå himmel. Hon hade länge drömt om denna plats – en avlägsen, ensam fyr där hon kunde finna den tystnad hon behövde för att skriva. Efter många år i stadens ständiga brus hade hon känt en dragning till det enkla, det stillsamma. Här, vid fyrens fot, ville hon utforska de frågor som länge tyngt henne: Vem var hon egentligen? Vad var hennes plats i världen, och vad var meningen med hennes skapande?

Dag efter dag vaknade hon till måsarnas skrin och vågornas rytmiska slag mot klipporna. Hennes enda sällskap var fyren som reste sig över henne, en ensam väktare av ljus i en till synes oändlig horisont. Hon började varje morgon med att vandra längs stranden, samla stenar och skal, med tankarna flödande lika fritt som vinden.

Under dessa promenader mötte hon sig själv på ett nytt sätt. Tankarna kom till henne som vågor – vissa var mjuka och tröstande, andra kraftfulla och djupt oroande. Hon mindes sin barndom, sin första kärlek, sina oskrivna romaner. Allt hon försökt hålla ifrån sig i stadens virrvarr kom nu närmare, blev tydligare, obönhörligt.

Varje kväll satte hon sig vid skrivbordet i fyrvaktarbostaden med sina anteckningsböcker och pennor. Men orden, som hon hoppats skulle komma lätt i denna inspirerande miljö, kom sällan så snabbt. Hon insåg att hennes största kamp inte låg i att hitta orden utan i att möta sina egna tvivel och rädslor – rädslan att inte vara tillräcklig, att misslyckas, att förlora sig själv i sin egen längtan efter mening.

En kväll när regnet piskade mot fönsterrutorna och vinden ylade runt fyren, kände Liv en våg av ensamhet som skar genom henne som en kniv. Hon satte sig på golvet vid fönstret, såg ut över det mörka havet och lät tårarna komma. Hon grät för de drömmar hon förlorat, för kärleken hon låtit glida ifrån henne, och för den känsla av tomhet som ibland följde hennes skrivande.

Men när gråten ebbade ut, kände hon en oväntad lättnad. Hon såg upp mot fyren, som stadigt blinkade sitt ljus över det stormiga havet, och hon insåg att hennes plats här, vid fyrens fot, inte var att hitta svar. Det var att möta sina frågor, att låta dem svepa över henne likt vågor och att acceptera dem som en del av hennes resa.

De följande dagarna förde tystnaden en slags klarhet. I ensamheten hittade Liv något nytt inom sig själv – en styrka, en djupare förståelse av sitt eget hjärta. Hon insåg att hennes skapande inte behövde vara fullständigt eller perfekt. Det räckte att hon skrev, att hon försökte, att hon gav sig själv till orden utan att förvänta sig något tillbaka.

När sommaren gick mot sitt slut och det var dags för Liv att lämna fyren, såg hon ut över det stilla, blå havet en sista gång. Hon kände sig lättare, friare. Hon skulle återvända till staden, till människor och rörelse, men en del av henne skulle alltid finnas kvar här, vid fyrens fot, där hon mött sina egna rädslor och funnit ett slags frid.

Hon hade kommit till Gotland för att hitta inspiration, men det var något mycket djupare hon tog med sig därifrån – en förståelse för att hon var sin egen fyr, sitt eget ljus, även i de mörkaste av stunder.

At the Lighthouse

Liv arrived at the lighthouse on Gotland one early June day, when the wind was still, and the sea glittered under a pale blue sky. She had long dreamed of this place – a remote, solitary lighthouse where she could find the silence she needed to write. After many years in the constant noise of the city, she had felt a pull toward simplicity and stillness. Here, at the foot of the lighthouse, she wanted to explore the questions that had weighed on her for so long: Who was she, really? What was her place in the world, and what was the purpose of her creativity?

Day after day, she woke to the cries of seagulls and the rhythmic crash of waves against the rocks. Her only companion was the lighthouse towering above her, a lone guardian of light on an endless horizon. Each morning, she began her day by walking along the beach, collecting stones and shells, her thoughts flowing as freely as the wind.

During these walks, she met herself in a new way. Her thoughts came like waves – some soft and comforting, others powerful and deeply unsettling. She remembered her childhood, her first love, her unwritten novels. Everything she had tried to keep at bay in the chaos of the city now came closer, became clearer, unrelenting.

Every evening, she sat at the desk in the lighthouse keeper's cottage with her notebooks and pens. But the words, which she had hoped would come easily in such an inspiring setting, often arrived slowly. She realized that her greatest struggle wasn't in finding the words but in confronting her own doubts and fears – the fear of not being enough, of failing, of losing herself in her longing for meaning.

One evening, as rain lashed against the windows and the wind howled around the lighthouse, Liv felt a wave of loneliness cut through her like a knife. She sat on the floor by the window, gazing out at the dark sea, and let the tears come. She cried for the dreams she had lost, for the love she had let slip away, and for the emptiness that sometimes followed her writing.

But as the tears subsided, she felt an unexpected relief. She looked up at the lighthouse, its steady light blinking over the stormy sea, and she realized that her place here, at the foot of the lighthouse, wasn't to find answers. It was to face her questions, to let them wash over her like waves, and to accept them as part of her journey.

In the days that followed, the silence brought a kind of clarity. In solitude, Liv discovered something new within herself – a strength, a deeper understanding of her own heart. She realized that her creativity didn't need to be complete or perfect. It was enough to write, to try, to give herself to the words without expecting anything in return.

As summer drew to a close and it was time for Liv to leave the lighthouse, she gazed out at the calm, blue sea one last time. She felt lighter, freer. She would return to the city, to people and movement, but a part of her would always remain here, at the foot of the lighthouse, where she had faced her fears and found a sense of peace.

She had come to Gotland seeking inspiration, but what she took away was something far deeper – an understanding that she was her own lighthouse, her own light, even in the darkest of times.

Höga Berg och Djupa Dalar

I en liten by i svenska Lappland, omgiven av höga berg och djupa dalar, levde fyra människor med liv som flätades samman på oväntade sätt. Trots sina olika bakgrunder och drömmar hade de en sak gemensamt: en tyst, beständig styrka som hjälpte dem att uthärda de långa vintrarna och de ensamma nätterna.

Olof, byns fjällguide, hade vandrat genom bergen sedan han var ung. Han kände varje stig, varje vrå, och han älskade att visa vägen för de som vågade ge sig ut i vildmarken. För honom var bergen mer än bara sten och grus – de var hans hem, hans tillflykt. Men ibland, när han stod på de högsta topparna och såg ut över vidderna, kände han sig liten och ensam. Hans liv var en ständig kamp mellan kärleken till friheten och längtan efter sällskap.

Ingrid, byns bagare, var en vänlig själ med ett stort hjärta. Hennes lilla bageri fylldes varje morgon med doften av nybakat bröd och kanelbullar. Hon visste alla bybor vid namn och hade alltid ett vänligt ord till övers. Men bakom hennes glada leende dolde sig en sorg. Hon hade en gång haft en dröm om att resa världen runt, men livet och familjeförpliktelserna hade hållit henne kvar i byn. Nu undrade hon ibland om det var för sent att förändra sitt öde.

Arvid, musikern, hade nyligen flyttat till byn för att komma bort från stadens jäkt och press. Han var en ung man med stora drömmar och ännu större rädslor. På kvällarna spelade han gitarr på värdshuset, hans sånger ekande genom de gamla träväggarna. Arvid sökte sin plats i världen och kämpade med sin osäkerhet – skulle han någonsin kunna slå igenom som musiker, eller skulle hans drömmar förbli ouppfyllda?

Rut, den pensionerade läraren, var en stöttepelare för alla i byn. Hon hade undervisat generation efter generation av barn, och trots att hon nu var pensionerad höll hon fortfarande föreläsningar i sitt hem om allt från historia till botanik. Hon hade en naturlig värdighet och klokhet som kom från år av livserfarenhet, men hon kämpade också med känslan av ensamhet. Hennes man hade gått bort flera år tidigare, och hennes barn bodde långt bort. Byborna såg upp till henne, men ibland kände Rut sig som en främling i sitt eget liv.

Deras vägar korsades på ett oförutsägbart sätt en vinterkväll när Ingrid bestämde sig för att ordna en fest i sitt bageri för att fira vintersolståndet. Hon bjöd in alla i byn, men hennes tankar gick särskilt till dem som, liksom hon själv, bar på en längtan.

Olof kom tidigt till festen, klädd i sin varma jacka och med ett osäkert leende. Han var inte van vid att vara inomhus bland folk, men han uppskattade värmen och gemenskapen. Arvid ställde sig i ett hörn med sin gitarr, redo att dela sin musik, men också fylld av en nervös förväntan. Rut satt vid ett av borden och iakttog dem alla med sina vänliga ögon, som om hon kunde läsa varje människas historia bara genom att se på dem.

Under kvällen flödade samtalen fritt. Olof berättade om sina äventyr i bergen, och Ingrid lyssnade med drömmande ögon, som om hon för ett ögonblick var fri att vandra långt bort. Arvid spelade en låt han skrivit själv, en melodi som berörde alla i rummet med sin sorgsna, men ändå hoppfulla ton. Rut delade sina minnen från en tid då byn såg annorlunda ut, och hennes berättelser väckte skratt och eftertanke.

När festen närmade sig sitt slut kände de alla att något hade förändrats. Ingrid såg på Olof med ny beundran och undrade om han kanske kunde visa henne bergen på riktigt, om hon vågade lämna sitt bageri för en dag. Arvid fann ett lugn han inte känt på länge och såg i Rut en mentor som kanske kunde hjälpa honom att hitta sin väg. Och Rut, hon fann sig själv för första gången på länge fylld av ett varmt ljus, som om byns hjärtslag nu slog starkare tack vare deras samlade styrka.

Nästa dag återvände de till sina vardagliga liv, men banden mellan dem var nu starkare. Ingrid och Olof började träffas för små utflykter i bergen, och Arvid tog lektioner från Rut, som uppmuntrade honom att fortsätta tro på sina drömmar. På sitt sätt fann de alla en ny slags trygghet i att veta att de hade varandra, och att deras vägar, även om de var olika, kunde mötas och ge dem nya perspektiv på sina egna liv.

I den lilla byn i Lappland, bland de höga bergen och djupa dalarna, fann de fyra individerna något större än sig själva – en känsla av samhörighet och hopp. De insåg att deras liv, precis som byn de bodde i, var sammanflätade på sätt de aldrig kunnat föreställa sig.

High Mountains and Deep Valleys

In a small village in Swedish Lapland, surrounded by towering mountains and deep valleys, lived four individuals whose lives intertwined in unexpected ways. Despite their different backgrounds and dreams, they shared one thing in common: a quiet, enduring strength that helped them weather long winters and solitary nights.

Olof, the village's mountain guide, had roamed the peaks since his youth. He knew every trail, every crevice, and he loved leading those brave enough to venture into the wilderness. For him, the mountains were more than just rock and gravel—they were his home, his refuge. Yet at times, standing atop the highest peaks and gazing out at the endless vistas, he felt small and alone. His life was a constant tug-of-war between his love of freedom and his yearning for companionship.

Ingrid, the village baker, was a kind soul with a big heart. Her little bakery filled with the scent of fresh bread and cinnamon buns every morning. She knew every villager by name and always had a kind word to spare. But behind her cheerful smile lay a quiet sorrow. She had once dreamed of traveling the world, but life and family obligations had kept her tied to the village. Now she often wondered if it was too late to change her fate.

Arvid, the musician, had recently moved to the village to escape the city's hustle and pressure. A young man with big dreams and even bigger fears, he played guitar at the inn in the evenings, his songs echoing through the old wooden walls. Arvid was searching for his place in the world and wrestling with his insecurities—would he ever succeed as a musician, or would his dreams remain unfulfilled?

Rut, the retired teacher, was a pillar of strength for everyone in the village. She had taught generation after generation of children, and even in retirement, she continued to host lectures in her home on everything from history to botany. She carried a natural dignity and wisdom born of years of experience, but she too struggled with loneliness. Her husband had passed away years earlier, and her children lived far away. The villagers admired her, but at times Rut felt like a stranger in her own life.

Their paths crossed unexpectedly one winter evening when Ingrid decided to host a solstice celebration at her bakery. She invited the whole village, but her thoughts lingered particularly on those who, like herself, carried unspoken longings.

Olof arrived early, bundled in his warm jacket with a hesitant smile. He wasn't used to indoor gatherings but appreciated the warmth and camaraderie. Arvid stood in a corner with his guitar, ready to share his music but also filled with nervous anticipation. Rut sat at one of the tables, observing everyone with her kind eyes, as though she could read their stories just by looking at them.

As the evening unfolded, conversations flowed freely. Olof shared tales of his adventures in the mountains, and Ingrid listened with dreamy eyes, as if, for a moment, she was free to wander far away. Arvid performed a song he had written, a melody that touched everyone in the room with its melancholic yet hopeful tone. Rut recounted memories of a time when the village looked different, her stories evoking both laughter and reflection.

By the end of the night, they all felt that something had shifted. Ingrid looked at Olof with newfound admiration, wondering if he might show her the mountains for real—if she dared to leave her bakery for a day. Arvid felt a calm he hadn't experienced in a long time and saw in Rut a mentor who might help him find his path. And Rut, for the first time in years, felt a warm light within her, as if the village's heartbeat now pulsed stronger because of their shared connection.

The next day, they returned to their routines, but the bonds between them had grown stronger. Ingrid and Olof began meeting for small excursions into the mountains, and Arvid took lessons from Rut, who encouraged him to keep believing in his dreams. In their own ways, each found a new sense of security in knowing they had one another, and that their paths, though different, could intersect and offer new perspectives on their lives.

In the little village in Lapland, among the high mountains and deep valleys, the four individuals discovered something larger than themselves—a sense of connection and hope. They realized that their lives, much like the village they called home, were intertwined in ways they had never imagined.

Rosengårdens Hemlighet

Klara anlände till Rosengården en tidig vårmorgon, med spaden och sekatören i hand. Hennes uppdrag var enkelt men utmanande: att återställa den gamla trädgården som en gång blomstrat runt herrgården. Rosengården var ett ståtligt, historiskt hus beläget djupt i Skånes landsbygd, men trädgården hade förfallit i flera år, och växtligheten hade tagit över. Klara, med sin långa erfarenhet som trädgårdsmästare och sin lugna, tystlåtna natur, verkade vara perfekt för jobbet.

Klara hade ett rykte om sig att arbeta bäst i ensamhet, och det passade henne bra – hon föredrog att låta blommorna vara sitt sällskap. Men hon hade också en förmåga att upptäcka detaljer och hemligheter som andra kanske skulle missa, något som lockade henne särskilt till Rosengården, där det vilade en märklig tystnad och ett outtalat mysterium.

Under de första veckorna arbetade Klara metodiskt med att rensa ogräs, beskära övervuxna buskar och återge rabatterna sin forna form. Hon märkte snart att trädgården hade en märklig charm, som om den bar på egna minnen och historier. Rosorna, när hon började vårda dem, verkade nästan tala till henne i tystnad.

En dag, när hon grävde djupt i en av de gamla rabatterna, fann hon något som fångade hennes uppmärksamhet – en liten, rostig medaljong, begravd under jorden. Inuti fanns ett gammalt, bleknat fotografi av en kvinna i en vit klänning, hennes ansikte mjukt och drömskt. Klara kände en oförklarlig dragning till medaljongen, som om den på något sätt var kopplad till henne själv. Vem var denna kvinna? Och varför hade hon lämnat ett spår i trädgården?

Hennes undersökningar avbröts snart när Erik, herrgårdens nya ägare, anlände. Erik var en man med en modern syn på livet, långt från de traditioner som herrgården representerade. Han hade ärvt huset från en släkting men hade ingen egentlig anknytning till platsen och betraktade Klara med en viss förvåning – varför var hon så fängslad av en trädgård? För honom var det bara en gammal egendom, men för Klara var det en levande väv av minnen och hemligheter.

Under de följande dagarna började märkliga saker hända. Klara kunde svära på att hon ibland såg skuggor i utkanten av trädgården, och ibland kunde hon höra en mjuk, viskande röst, nästan som ett eko från det förflutna. Erik, som var skeptisk, avfärdade det som vidskepelse, men Klara kände att något betydelsefullt höll på att avslöjas för henne.

En kväll, när hon återigen betraktade medaljongen och kvinnans ansikte, kände Klara en plötslig insikt – hon mindes fragment av sin egen barndom, en tid hon länge försökt glömma. Hon insåg att hon hade varit här förr, som ett litet barn, när trädgården fortfarande blomstrade och livet var fullt av drömmar. Hennes mor hade arbetat i trädgården, och Klara hade lekt bland rosorna, innan de tvingades lämna platsen under mystiska omständigheter.

Erik, nu nyfiken på Klaras upptäckt, gick med på att hjälpa henne utforska trädgårdens historia. Tillsammans undersökte de gamla dokument och brev som hade bevarats i herrgårdens bibliotek, och de började lägga ihop bitarna av en familjehistoria fylld av passion, svek och oförklarliga förluster. Det visade sig att kvinnan i medaljongen var Klaras mormor, som en gång varit herrgårdens trädgårdsmästare och hade haft en förbjuden romans med den dåvarande ägaren.

Allt eftersom Klara avslöjade fler hemligheter kände hon en växande närhet till platsen, en känsla av att hon var en del av Rosengårdens själ. Trädgården hade väntat på henne, som om den behövde henne för att få sitt förflutna uppdagat och för att ge henne en känsla av tillhörighet som hon alltid sökt.

När sommaren närmade sig sitt slut var trädgården åter i full blom, och Klara kunde se sin mormors minne levande i varje ros, varje växt. Erik, som först varit skeptisk, blev djupt påverkad av Klaras resa och trädgårdens betydelse. Han bestämde sig för att bevara herrgården och låta trädgården vara ett levande minne av dem som levt där, inklusive Klara och hennes familj.

Den sista dagen i Rosengården gick Klara långsamt genom de blommande rosorna, och hon visste att hon funnit en del av sig själv här. Hemligheterna som trädgården burit hade blivit en del av hennes egen historia, och hon lämnade platsen med en känsla av frid och fulländning, som om hon äntligen hade funnit sitt hem.

The Secret of the Rose Garden

Klara arrived at the Rose Garden early one spring morning, equipped with her spade and pruning shears. Her mission was simple yet challenging: to restore the once-thriving garden surrounding the manor house. The Rose Garden was a stately, historic estate nestled deep in the countryside of Skåne, but its grounds had fallen into neglect over the years, overtaken by wild vegetation. With her long experience as a gardener and her quiet, thoughtful nature, Klara seemed the perfect fit for the task.

Klara was known for working best in solitude, which suited her just fine—she preferred flowers as her companions. She also had a knack for noticing details and uncovering secrets others might overlook, something that drew her to the Rose Garden, where a peculiar stillness hinted at unspoken mysteries.

In the first weeks, Klara methodically weeded, pruned overgrown bushes, and began to restore the flower beds to their former glory. She quickly realized that the garden had a peculiar charm, as if it carried its own memories and stories. The roses, as she tended them, seemed almost to speak to her in whispers.

One day, while digging deep in one of the old flower beds, Klara unearthed something that caught her attention—a small, rusty locket buried in the soil. Inside was an old, faded photograph of a woman in a white dress, her face soft and dreamy. Klara felt an inexplicable connection to the locket, as if it were somehow tied to her. Who was this woman? And why had she left a trace in the garden?

Her investigations were interrupted when Erik, the manor's new owner, arrived. Erik was a man with a modern outlook on life, far removed from the traditions the manor represented. He had inherited the estate from a relative but had no real attachment to the place and regarded Klara with mild bewilderment—why was she so captivated by a garden? To him, it was merely an old property, but to Klara, it was a living tapestry of memories and secrets.

In the days that followed, strange occurrences began to unfold. Klara could have sworn she sometimes saw shadows at the edges of the garden or heard a soft, whispering voice, like an echo from the past. Erik, ever the skeptic, dismissed these as superstitions, but Klara felt that something significant was being revealed to her.

One evening, as she gazed at the locket and the woman's face again, Klara had a sudden realization—fragments of her own childhood surfaced, a time she had long tried to forget. She recognized that she had been here before, as a little girl, when the garden was still in bloom, and life was full of dreams. Her mother had worked in the garden, and Klara had played among the roses, before they were forced to leave the estate under mysterious circumstances.

Now intrigued by Klara's discovery, Erik agreed to help her explore the history of the garden. Together, they delved into old documents and letters preserved in the manor's library, piecing together a family history filled with passion, betrayal, and unexplained losses. It emerged that the woman in the locket was Klara's grandmother, who had once been the manor's gardener and had a forbidden romance with the estate's owner at the time.

As Klara uncovered more secrets, she felt an increasing connection to the place, a sense that she was part of the Rose Garden's soul. The garden had waited for her, as if it needed her to uncover its past and, in doing so, provide her with the sense of belonging she had always sought.

By the end of summer, the garden was in full bloom once more, and Klara could see her grandmother's memory alive in every rose, every plant. Erik, initially skeptical, was deeply moved by Klara's journey and the garden's significance. He decided to preserve the estate and keep the garden as a living memorial to those who had lived there, including Klara and her family.

On her final day at the Rose Garden, Klara walked slowly through the blooming roses, knowing she had found a piece of herself there. The secrets the garden had carried became part of her own story, and she left the place with a sense of peace and fulfillment, as though she had finally found her home.

Stockholm i Skymningen

Lena, en pensionerad stadsplanerare, promenerade längsmed Stockholms gator när skymningen sakta lade sig över staden. Hon hade tillbringat större delen av sitt liv här, både som ung student fylld av drömmar och senare som en engagerad stadsplanerare, ansvarig för att forma och förändra stadens struktur. Nu, när byggnaderna lystes upp i den svaga kvällssolen, kände hon en blandning av stolthet och vemod över allt som hade förändrats – både i staden och inom henne själv.

Det var länge sedan Lena hade haft en kollega eller vän att dela dessa tankar med. Hon mindes sin vän Åke, en passionerad arkitekt, och hur de tillsammans hade diskuterat framtidens Stockholm. De hade haft drömmar om att skapa en stad som var både modern och vacker, fylld av grönska och ljus. Men Åke hade gått bort för flera år sedan, och Lena hade fått se deras planer förändras med tiden.

När hon rundade ett hörn och kom till en av sina favoritplatser – en liten park med utsikt över Gamla Stan – mötte hon oväntat en yngre man som satt på en bänk och ritade i sitt skissblock. Han såg upp och log när han märkte hennes närvaro.

"Hej," sa han och reste sig upp. "Jag heter Erik. Är du från Stockholm?"

Lena nickade och log tillbaka. "Jag är född och uppvuxen här. Jag jobbade faktiskt som stadsplanerare i många år."

Erik spärrade upp ögonen av intresse. "Wow, det måste ha varit en fascinerande tid. Jag är arkitekt, nyinflyttad från Göteborg, och försöker fortfarande hitta min plats i den här staden."

De började prata, och Lena märkte hur lätt det var att öppna sig för honom. De promenerade genom parken, och hon visade honom platser som hade särskild betydelse för henne – byggnader och gator som hon hade varit med om att planera, små detaljer i arkitekturen som kanske bara hon lade märke till. Under deras vandring delade Lena minnen från sitt liv, om de människor hon hade älskat och de platser som betytt något för henne.

"Tiden har en märklig inverkan på en stad," sa Lena medan de stannade vid en bro och såg ut över det glittrande vattnet. "Man kan förändra hur en plats ser ut, men minnena av det som en gång var finns alltid kvar där, dolda mellan väggarna och gatorna."

Erik nickade tankfullt. "Jag har alltid undrat hur det känns att ha varit en del av att skapa en stad. Att ha satt sitt märke på en plats."

"Det är en känsla av både stolthet och vemod," svarade Lena. "Att se staden förändras, att veta att människor går på samma gator som jag en gång planerade, men kanske aldrig kommer att veta något om dem som jobbade där innan."

Kvällen gick, och skymningen övergick till mörker medan de fortsatte sin promenad genom staden. Lena kände sig oväntat ung i Eriks sällskap, som om hon kunde återuppleva delar av sitt liv genom hans ögon. När de till slut stannade vid en tunnelbanestation för att säga hejdå, tackade Erik henne uppriktigt för kvällen.

"Du har gett mig ett helt nytt perspektiv på Stockholm," sa han och log. "Kanske kan jag hitta inspiration i de historier du delat."

Lena log tillbaka. "Det är det fina med städer," sa hon. "De är aldrig riktigt avslutade. Varje generation lämnar sitt eget märke, sina egna minnen."

När hon promenerade hemåt kände hon en sällsam frid. Stockholm hade förändrats, ja, men det var fortfarande hennes stad – fylld av minnen, platser och människor som aldrig helt försvann. Och nu, tack vare Erik, visste hon att stadens historia skulle fortsätta leva i nya berättelser och nya händer, generation efter generation.

Stockholm at Dusk

Lena, a retired urban planner, walked along the streets of Stockholm as dusk slowly descended over the city. She had spent most of her life here, first as a young student full of dreams, and later as a dedicated urban planner responsible for shaping and changing the city's structure. Now, as the buildings glowed in the soft evening light, she felt a mix of pride and melancholy for all that had changed—both in the city and within herself.

It had been a long time since Lena had had a colleague or friend to share these thoughts with. She remembered her friend Åke, a passionate architect, and how they had dreamed together of creating a Stockholm that was both modern and beautiful, filled with greenery and light. But Åke had passed away years ago, and Lena had watched their plans evolve with time.

As she turned a corner and arrived at one of her favorite spots—a small park overlooking the Old Town—she unexpectedly encountered a young man sitting on a bench, sketching in his notebook. He looked up and smiled when he noticed her presence.

"Hi," he said, standing up. "I'm Erik. Are you from Stockholm?"

Lena nodded and smiled back. "I was born and raised here. I actually worked as an urban planner for many years."

Erik's eyes lit up with interest. "Wow, that must have been fascinating. I'm an architect, just moved here from Gothenburg, and I'm still trying to find my place in this city."

They began to talk, and Lena found it surprisingly easy to open up to him. They walked through the park, and she showed him places that were especially meaningful to her—buildings and streets she had helped design, small architectural details that perhaps only she noticed. As they strolled, Lena shared memories of her life, of the people she had loved, and the places that had mattered to her.

"Time has such a strange effect on a city," Lena said as they stopped at a bridge, looking out over the glittering water. "You can change how a place looks, but the memories of what once was are always there, hidden between the walls and streets."

Erik nodded thoughtfully. "I've always wondered what it feels like to have been part of creating a city. To have left your mark on a place."

"It's a feeling of both pride and wistfulness," Lena replied. "To see the city change, to know people are walking the same streets I once planned, but they'll probably never know anything about those who worked here before."

The evening passed, and dusk turned to darkness as they continued their walk through the city. In Erik's company, Lena felt unexpectedly young, as if she could relive parts of her life through his eyes. When they finally stopped at a subway station to say goodbye, Erik thanked her sincerely for the evening.

"You've given me a whole new perspective on Stockholm," he said with a smile. "Maybe I can find inspiration in the stories you've shared."

Lena smiled back. "That's the beautiful thing about cities," she said. "They're never truly finished. Each generation leaves its own mark, its own memories."

As she walked home, Lena felt a rare sense of peace. Stockholm had changed, yes, but it was still her city—filled with memories, places, and people who never entirely disappeared. And now, thanks to Erik, she knew the city's story would continue to live on in new tales and new hands, generation after generation.

En Tyst Vinter

Det var vinter i den lilla fiskebyn ute i Stockholms skärgård. Snön låg tung över de små röda stugorna, och havet hade frusit till en stilla spegel som sträckte sig ut mot horisonten. Luften var fylld av en tystnad så djup att varje steg, varje andetag kändes som ett intrång i något heligt. Frida, en änka och konstnär, kände av tystnaden som en närvaro. Hon hade bott här i många år, och vinterkylan var hon van vid, men den här vintern kändes annorlunda.

Sedan hennes man gick bort hade Frida funnit tröst i sitt målande. Hon älskade att avbilda skärgårdens stämningar, dess mörka vatten och dramatiska himlar, men nu kände hon en oförklarlig tomhet när hon stod framför sin målarduk. Penseldragen blev tunga och tveksamma, och färgerna saknade den livskraft de en gång haft.

Hon började gå långa promenader längs strandkanten, lyssnande till isens knäppande ljud och det dova ekot från skogen. Ibland tyckte hon sig höra sin mans röst i vinden, hans skratt som en svag viskning. Hon kunde nästan känna hans hand i sin, trots att hon visste att han var borta. Det var som om hans minne levde kvar i vinterns stillhet, i den kalla luften och den klara himlen.

En dag när hon satt på en sten vid vattnet, helt ensam, började hon tänka på de år de hade haft tillsammans – de sommarnätter de tillbringat under stjärnorna, de kalla höstdagarna när de fiskade vid bryggan. Hon mindes hans varma leende, hans starka händer, och den kärlek som hade fyllt deras liv.

Men nu, mitt i vinterens tystnad, kändes dessa minnen nästan som en börda. Hur länge skulle hon hålla fast vid något som inte längre fanns? Hon visste att det inte var rättvist, varken mot honom eller mot henne själv, att stanna kvar i det förflutna.

Sakta började hon inse att vintern inte bara var en tid av död och stillhet, utan också en tid av vila och reflektion. Det var naturens sätt att återhämta sig, att förbereda sig för en ny vår. Kanske var det samma sak för henne; kanske behövde hon den här stillheten för att läka, för att komma till ro med sina minnen och börja se framåt.

En morgon, när solen försiktigt sken över den snötäckta byn, bestämde hon sig för att gå tillbaka till sin ateljé. Hon stod framför duken, kände penseln i sin hand och såg hur ljuset från fönstret reflekterades i färgerna på paletten. Med ett djupt andetag började hon måla. Den här gången kom färgerna mjukare, lättare – som om hon äntligen släppte något som hållit henne fången.

Tiden gick, och sakta smälte snön. Vinterens tystnad övergick i vårens första fågelsång. Frida såg ut över landskapet och kände en ny sorts frid inom sig. Hon hade genomlevt en tyst vinter, men ur den hade hon funnit en ny början.

När hon lämnade sin ateljé för dagen, kände hon en svag bris som strök genom håret, och för första gången på länge log hon.

A Silent Winter

It was winter in the small fishing village in the Stockholm archipelago. Snow lay heavy on the little red cottages, and the sea had frozen into a still mirror stretching toward the horizon. The air was filled with a silence so profound that every step, every breath felt like an intrusion into something sacred. Frida, a widowed artist, felt the silence as a presence. She had lived here for many years and was accustomed to the winter cold, but this winter felt different.

Since her husband's passing, Frida had found solace in her painting. She loved capturing the archipelago's moods, its dark waters and dramatic skies, but now she felt an inexplicable emptiness as she stood before her canvas. Her brushstrokes were heavy and hesitant, and the colors lacked the vibrancy they once had.

She began taking long walks along the shoreline, listening to the creaking sounds of the ice and the muffled echoes from the forest. Sometimes, she thought she heard her husband's voice in the wind, his laughter a faint whisper. She could almost feel his hand in hers, though she knew he was gone. It was as if his memory lingered in the winter stillness, in the cold air and the clear sky.

One day, as she sat alone on a rock by the water, her thoughts turned to the years they had shared—the summer nights spent under the stars, the chilly autumn days fishing by the dock. She remembered his warm smile, his strong hands, and the love that had filled their lives.

But now, in the midst of winter's silence, these memories felt almost like a burden. How long could she hold on to something that no longer existed? She realized it wasn't fair, neither to him nor to herself, to remain stuck in the past.

Slowly, she began to understand that winter wasn't only a season of death and stillness but also a time for rest and reflection. It was nature's way of recovering, of preparing for a new spring. Perhaps it was the same for her; perhaps she needed this stillness to heal, to make peace with her memories, and to start looking forward again.

One morning, as the sun gently shone over the snow-covered village, she decided to return to her studio. She stood before the canvas, felt the brush in her hand, and watched as the light from the window reflected off the colors on her palette. Taking a deep breath, she began to paint. This time, the colors flowed more softly, more easily—as though she was finally letting go of something that had held her captive.

Time passed, and gradually the snow began to melt. Winter's silence gave way to the first birdsong of spring. Frida looked out over the landscape and felt a new kind of peace within her. She had endured a silent winter, but from it, she had found a new beginning.

As she left her studio for the day, she felt a faint breeze brush through her hair, and for the first time in a long while, she smiled.

En Klok Gammal Bokhandel

———

Det var en gråmulen morgon i Malmö när Sara låste upp dörren till sin nya bokhandel för första gången. Hon hade köpt den gamla bokhandeln "Bok och Blad" för några månader sedan, och nu var hon full av energi och idéer för att modernisera den. Butiken var fylld med dammiga böcker, antika bokhyllor som knarrade och en svag doft av gammalt papper som svävade i luften.

Hon hade knappt hunnit sätta upp skylten innan dörrklockan plingade till och en äldre man steg in. Han hade grått hår, rundade glasögon och en scarf slarvigt virad runt halsen. Han såg sig omkring med ett kritiskt öga och skakade på huvudet.

"Det är väl du som är den nya ägaren?" frågade han med en ton som både var nyfiken och lätt skeptisk.

"Ja, det stämmer!" svarade Sara glatt. "Sara heter jag. Och du är...?"

"Ingemar," sa han och räckte fram handen. "Jag är den förre ägaren. Jag har arbetat här i över fyrtio år."

Ingemar såg sig om i bokhandeln och suckade djupt. "Den här platsen har en själ, vet du," sa han med ett lätt vemod i rösten. "Böcker är mer än bara ord på papper. De är berättelser, historia, människor som en gång levt och känt."

Sara log artigt, men inom sig tänkte hon att det var dags att skaka om det gamla. Hon ville ta in modernare titlar, fräscha upp inredningen och kanske installera en kaffemaskin för att locka yngre kunder.

Veckorna gick, och Ingemar började komma förbi bokhandeln allt oftare, alltid redo med sina åsikter om Sara's förändringar. Han protesterade när hon flyttade om hyllorna, och när hon satte upp en skylt för "Bokcafé" himlade han med ögonen.

"Folk kommer hit för böcker, inte för kaffe," muttrade han.

Men trots sina invändningar började Ingemar dela med sig av sin kunskap. Han berättade om sällsynta svenska författare, läsningar han arrangerat för länge sedan och speciella böcker som hade en historia bakom sig. Sara började inse att det fanns något särskilt i Ingemars sätt att se på böcker, något hon aldrig hade tänkt på tidigare.

En dag hittade Sara en gammal bok gömd längst ner i en hylla. Den var sliten och omslaget var närapå blekt bort, men när hon öppnade den fann hon att Ingemar hade skrivit små anteckningar i marginalerna. Det var kommentarer om livet, kärlek och tidens gång. Hon insåg att han hade spenderat hela sitt liv med dessa böcker, och att de var en del av honom.

Sakta började Sara förstå att det kanske fanns ett sätt att balansera mellan det gamla och det nya. Hon lät bokhyllorna stå kvar, och i stället för att ta bort de gamla titlarna började hon kombinera dem med moderna verk. Hon skapade små sektioner för särskilda författare som Ingemar hade talat så varmt om och hängde upp små skyltar med hans anekdoter bredvid dem.

Ingemar märkte förändringen och nickade godkännande en dag när han såg en ung kvinna läsa en av hans favoriter från 1950-talet. "Du har börjat förstå," sa han till Sara med ett litet leende.

Sara log tillbaka. "Jag insåg att det finns en plats för både nytt och gammalt. Och jag har dig att tacka för att jag ser bokhandeln på ett nytt sätt."

Med tiden blev "Bok och Blad" en unik plats i Malmö. Det var inte bara en bokhandel, utan en plats där generationer möttes, där gamla berättelser fick nytt liv och där Sara, tack vare Ingemar, fann sitt sätt att förena tradition med innovation.

A Wise Old Bookstore

It was a gray, overcast morning in Malmö when Sara unlocked the door to her new bookstore for the first time. She had purchased the old shop, *Bok och Blad*, a few months earlier, and now she was brimming with energy and ideas for modernizing it. The store was filled with dusty books, creaky antique shelves, and a faint scent of old paper lingering in the air.

She had barely finished putting up the sign when the doorbell jingled, and an older man stepped inside. He had gray hair, rounded glasses, and a scarf loosely draped around his neck. He glanced around with a critical eye and shook his head.

"So, you must be the new owner?" he asked in a tone that was both curious and slightly skeptical.

"Yes, that's right!" Sara replied cheerfully. "I'm Sara. And you are...?"

"Ingemar," he said, extending his hand. "I'm the previous owner. I worked here for over forty years."

Ingemar looked around the bookstore and sighed deeply. "This place has a soul, you know," he said with a touch of melancholy in his voice. "Books are more than just words on paper. They're stories, history, people who once lived and felt."

Sara smiled politely, but inwardly, she thought it was time to shake things up. She wanted to bring in modern titles, refresh the décor, and perhaps even install a coffee machine to attract younger customers.

Weeks passed, and Ingemar started dropping by the store more often, always ready with opinions about Sara's changes. He protested when she rearranged the shelves, and when she put up a sign for a "Book Café," he rolled his eyes.

"People come here for books, not coffee," he grumbled.

Yet, despite his objections, Ingemar began sharing his knowledge. He spoke about rare Swedish authors, readings he had organized long ago, and special books with stories behind them. Sara started to realize there was something unique about Ingemar's perspective on books—something she had never considered before.

One day, Sara discovered an old book tucked away at the bottom of a shelf. It was worn, and the cover was almost completely faded, but when she opened it, she found that Ingemar had written little notes in the margins. They were reflections on life, love, and the passage of time. She realized that he had spent his whole life with these books, and they were a part of him.

Gradually, Sara began to understand that there might be a way to balance the old and the new. She left the antique shelves in place, and instead of removing the old titles, she started blending them with modern works. She created small sections highlighting the authors Ingemar had spoken so fondly about and hung little signs with his anecdotes next to them.

Ingemar noticed the changes and nodded approvingly one day when he saw a young woman reading one of his favorites from the 1950s. "You're starting to understand," he said to Sara with a small smile.

Sara smiled back. "I've realized there's room for both the new and the old. And I have you to thank for helping me see the bookstore in a new way."

Over time, *Bok och Blad* became a unique spot in Malmö. It wasn't just a bookstore but a place where generations came together, where old stories found new life, and where Sara, thanks to Ingemar, found a way to blend tradition with innovation.